Comprender el feminismo

Descubre todo lo que necesitas saber sobre el feminismo, sus orígenes y sus diversas formas en un formato claro y compacto

Lena Hafermann

CONTENIDO

Qué puedes esperar de este libro

Movimiento MeToo, diferencia salarial entre hombres y mujeres, manspreading, catcalling: estos términos se oyen cada vez más a menudo hoy en día, y todos giran en torno a un tema: el feminismo. El feminismo nos afecta a todos y es esencial tener unos conocimientos básicos sobre el tema, sobre todo ahora. En este libro aprenderás qué significan todos estos términos y cómo se relacionan con el feminismo. Pero, ¿qué es exactamente el feminismo? ¿Acaso no tenemos todos los mismos derechos desde hace mucho tiempo? En principio

Feminismo por la igualdad de derechos y oportunidades independientemente del sexo. En países como Pakistán, Chad e Irán, las mujeres siguen siendo tratadas como seres humanos de segunda clase, sin derechos. A muchas se las obliga a casarse, no se les permite ir a la escuela ni trabajar y sólo pueden salir de casa con velo y acompañadas por sus maridos.

En Alemania, la situación es más avanzada, pero la opresión de la mujer no fue tan antigua: las mujeres no pudieron votar hasta 1919, no pudieron abrir su propia cuenta bancaria hasta 1958, tenían que obedecer a sus maridos y las mujeres seguían estando legalmente obligadas a ocuparse del hogar hasta 1977. Mucho ha cambiado desde entonces; según el artículo 3 de la Ley Fundamental, hombres y mujeres son iguales ante la ley. En la realidad, sin embargo, aún pueden reconocerse rasgos de patriarcado:

Hay desigualdad salarial en el mercado laboral, las mujeres siguen realizando la mayor parte de las tareas domésticas, lo pasan peor en el trabajo porque se las percibe como menos cualificadas que sus colegas masculinos, se les muestra menos respeto, se sexualiza el cuerpo femenino y productos como los medicamentos y los automóviles se adaptan al cuerpo masculino. Además, una de cada tres mujeres sufre violencia sexual, que tiene pocas o ninguna consecuencia y es cometida por hombres en el 98% de los casos. Esto es sólo una fracción de todas las áreas en las que las mujeres están en desventaja. El feminismo pone de relieve todas estas desigualdades y se opone a ellas.

Pero, ¿existe "el" único feminismo? ¿En qué ámbitos es necesario el feminismo? ¿Ayuda el feminismo también a los hombres? ¿Y qué puedo hacer yo por el feminismo? Estas preguntas tienen respuesta en este libro. Una vez que hayas comprendido cómo funciona el sexismo, cómo se manifiesta y cómo el feminismo puede ayudar a combatirlo, tú también podrás contribuir a crear un mundo moderno sin discriminación por razón de sexo.

Comprender el feminismo

¿QUÉ ES EL FEMINISMO?

En primer lugar, debemos entender qué es realmente el feminismo. El término apareció por primera vez en 1837, cuando el crítico social francés Charles Fourier utilizó la palabra "féminisme" para describir la autodeterminación de las mujeres.

La palabra alemana Feminismus tiene su origen aquí y deriva de la palabra latina femina, que significa mujer. El diccionario Duden lo define como una "dirección del movimiento feminista que, basándose en las necesidades de las mujeres, lucha por un cambio fundamental de las normas sociales (por ejemplo, el reparto tradicional de papeles) y de la cultura patriarcal".

Sin embargo, como este término es tan diverso y cambia constantemente a lo largo de los años, no existe una única definición correcta. La literata estadounidense Bell Hooks describe el feminismo de forma más política como "un movimiento que pretende abolir el sexismo, la explotación sexista y la opresión".

La famosa actriz británica y enviada especial de la ONU Emma Watson explica: "El feminismo consiste en dar a las mujeres la posibilidad de elegir. El feminismo no es un palo con el que golpear a otras mujeres. Se trata de libertad, liberación y autodeterminación. Si estás a favor de la igualdad, eres feminista". Y la escritora nigeriana Chimamanda Ngozi Adichie llama feminista a cualquiera que "crea en la igualdad social, política y económica de los sexos". Al menos todas estas definiciones tienen algo en común: el feminismo lucha por la libertad, la autodeterminación, la igualdad de derechos y la igualdad de oportunidades independientemente del sexo.

Se dirige contra un sistema patriarcal y sexista que ha prevalecido durante miles de años y es responsable de la continua opresión y discriminación de las mujeres, porque en el patriarcado, las mujeres están subordinadas a los hombres y deben acatar sus decisiones . Tales puntos de vista culturales son criticados por el feminismo. Sin embargo, el feminismo no quiere llevar a las mujeres al poder mientras oprime a los hombres; este orden social se denomina matriarcado. El feminismo tampoco tiene nada que ver con el odio a los hombres; el término para esto es misandria. Simplemente contradice las normas patriarcales dominantes. En última instancia, el objetivo es crear una sociedad justa para todos en la que ningún sexo se vea desfavorecido o favorecido.

¿EXISTE "EL" FEMINISMO?

Como ya hemos establecido, el feminismo es diverso. Dependiendo de la corriente, se representa una comprensión diferente del género, la sociedad y la desigualdad. Existen, por tanto, distintas corrientes, algunas de las cuales me gustaría presentarte brevemente a continuación.

El feminismo liberal está a favor de la igualdad independiente del género. Toda persona debe poder desarrollarse libremente según sus propios talentos e ideas, sin que se lo impidan su sexo, origen o sexualidad. Deben romperse los clichés para que las mujeres dejen de verse obligadas a desempeñar el papel de ama de casa y los hombres el de único sostén de la familia, y la igualdad de oportunidades debe ocupar un lugar central. Todo el mundo debe poder desarrollar su potencial individual.

El feminismo diferenciador hace hincapié en las diferencias entre los sexos. Esto se deriva de las diferencias biológicas y de las diferencias entre los sexos que han surgido debido a la cultura y la sociedad. Sus defensores argumentan que las mujeres, como madres potenciales, suelen ser más empáticas, serviciales y sociales que los hombres, lo que significa que deben participar más en ámbitos importantes como la política mundial y la economía. Habría que centrarse menos en los estándares masculinos y, al mismo tiempo, promover las características típicamente femeninas para permitir la coexistencia pacífica en todo el mundo.

El feminismo conservador se asemeja a la corriente del feminismo diferenciador en que hace hincapié en las diferencias de género. Sin embargo, las mujeres no sólo deben ser amas de casa y madres, sino que también deben tener las mismas oportunidades en la vida profesional, empresarial y política. Las representantes lo justifican con las habilidades femeninas que pueden ofrecer ventajas considerables. Deben preservarse los valores tradicionales.

El feminismo socialista hace hincapié en la igualdad de sexos. Considera que el capitalismo y el patriarcado son la causa de la discriminación estructural y quiere reforzar el papel de la mujer en la sociedad para superar el sistema capitalista. Al fin y al cabo, son sobre todo las mujeres las que realizan el trabajo de cuidados no remunerado o el trabajo reproductivo en forma de manutención de las personas.

El feminismo ecológico desaprueba los vínculos entre la explotación de la naturaleza y la opresión de la mujer. Al fin y al cabo, existen similitudes entre la capacidad reproductiva de la naturaleza y la de las mujeres, y la degradación medioambiental afecta especialmente a las mujeres como madres y, a menudo, agricultoras del Tercer Mundo. Por tanto, las teorías feministas deben incluir una perspectiva ecológica, mientras que la solución a los problemas medioambientales debe incluir una perspectiva feminista.

El feminismo radical pide una revolución para superar el patriarcado, ya que los hombres han estado controlando y oprimiendo a todos los niveles durante siglos. Por tanto, según sus representantes, no sólo deben eliminarse los privilegios masculinos, sino todas las diferencias de género. La mera promoción de la mujer no es suficiente.

El feminismo queer se opone a todo el sistema que divide a las personas en géneros. Entiende el género como algo que te asigna la sociedad y no como algo predeterminado biológica o psicológicamente. Defiende a todas las personas que sufren algún tipo de discriminación, como las mujeres transexuales, de piel oscura, lesbianas o pobres. Su objetivo es disolver el género para superar la discriminación.

OBJETIVOS DEL FEMINISMO

De los distintos movimientos feministas se desprende que no existen objetivos formulados de manera uniforme. Al fin y al cabo, algunos movimientos también se contradicen entre sí. Como mínimo, todos reivindican la igualdad de derechos, la autodeterminación, la libertad y la igualdad de oportunidades, independientemente del sexo, y luchan contra la discriminación. El reconocimiento y el respeto de la dignidad humana de la mujer están en primera línea. No deben tolerarse los actos de violencia contra las mujeres simplemente porque se las considera el sexo supuestamente más débil. El comportamiento de las mujeres no debe juzgarse de forma diferente al de los hombres por el mero hecho de ser mujeres. Las mujeres deben ser tratadas con el mismo respeto que los hombres.

El objetivo es romper con los modelos de conducta tópicos para luchar contra la diferencia de trato entre los sexos. Las mujeres no sólo deben verse a sí mismas como madres y amas de casa, sino que también deben poder desarrollar su carrera profesional como los hombres. Al mismo tiempo, los hombres también deberían ser aceptados como amos de casa y padres sin ser estigmatizados. Las mujeres deben poder acceder al poder con la misma facilidad que los hombres, para que también puedan influir en la sociedad.

La sexualidad debe poder vivirse libremente. En principio, nadie debe estar en desventaja en ningún ámbito simplemente por su sexo. Al fin y al cabo, los hombres también pueden estar en desventaja, algo que el feminismo también reconoce. En última instancia, el objetivo es conseguir una sociedad justa para todos.

LA HISTORIA DEL FEMINISMO

Comienzos

El feminismo y las opiniones predominantes sobre él cambian constantemente. Se plantean distintas reivindicaciones en función de la época, la sociedad y el entorno cultural. Los inicios del feminismo en Alemania se remontan a finales del siglo XVIII, durante la Revolución Francesa, cuando los hombres de las clases bajas lucharon por sus derechos políticos y sociales. Se aprobaron constituciones con catálogos de derechos básicos, pero sólo se concedieron a las mujeres de forma limitada. Las mujeres burguesas aprovecharon esto como una oportunidad para luchar por sus propios derechos.

La atención se centró en el derecho a la educación, la mejora de las condiciones laborales y la igualdad entre hombres y mujeres. Hasta entonces, las mujeres siempre habían estado bajo el dominio de sus maridos y tenían que someterse a sus decisiones. Sin embargo, tras la revolución, se prohibió a las mujeres ser políticamente activas o formar asociaciones, y se ejecutó a famosas activistas de los derechos de la mujer, como Olympe de Gouges.

Primera oleada

La primera oleada de feminismo surgió a mediados del siglo XIX en muchos países europeos, EEUU y Australia. En Gran Bretaña, las Leyes sobre Enfermedades Contagiosas, que hacían que la prostitución estuviera controlada por el estado y consideraban a las mujeres las únicas responsables de la propagación de las enfermedades venéreas, se aplicaron a partir de 1869.

Se fundó la primera Asociación General de Mujeres Alemanas con el objetivo de mejorar las oportunidades educativas de las mujeres y permitirles ejercer una profesión. Para ello, se crearon escuelas industriales y comerciales específicas para mujeres, igualdad de salario por el mismo trabajo e igualdad de oportunidades para hombres y mujeres. A partir de 1896, las mujeres fueron admitidas por primera vez en la universidad. Esto llevó también a la creación de nuevas carreras, como la de trabajo social.

Se fundó en Inglaterra la Unión Social y Política de Mujeres. Sus miembros, conocidas como sufragistas, protestaron a favor del sufragio femenino mediante huelgas de hambre, interrupción de actos públicos y boicots parlamentarios. Esto dio lugar a la concienciación feminista, que se extendió a otros países. Tras años de protestas, el derecho de voto de las mujeres mayores de 21 años se incluyó en la Constitución de Weimar, en Alemania, en 1919. Aparte de Finlandia, Alemania fue el primer país europeo en el que se permitió votar a las mujeres. También fue la primera vez que se les permitió participar en el poder político. Al mismo tiempo, se abolió la tutela paterna sobre las mujeres solteras mayores de edad y la tutela del marido.

Durante la Primera Guerra Mundial, los éxitos iniciales de los movimientos feministas se ralentizaron. Mientras los hombres luchaban como soldados en el frente, las mujeres tenían que trabajar en las fábricas. Incluso después de la guerra, cuando gran parte de los hombres estaban gravemente heridos o muertos, las mujeres tuvieron que proveer a los ingresos familiares y ocuparse del hogar al mismo tiempo. La guerra y la inflación alemana de 1914 a 1923 causaron penurias sociales entre los huérfanos y las viudas de guerra, lo que provocó disturbios por alimentos y huelgas masivas de trabajadoras. Durante la crisis económica mundial de 1929, se perdieron muchos puestos de trabajo, lo que afectó especialmente a las mujeres. Como consecuencia, a menudo tuvieron que volver a asumir el papel tradicional de ama de casa y madre.

Cuando los nacionalsocialistas llegaron al poder en 1933, la primera oleada de feminismo llegó a su fin.

Las asociaciones y organizaciones de mujeres fueron disueltas o alineadas, se prohibió a las mujeres trabajar en profesiones superiores y se les revocó el derecho de voto. Famosas activistas de los derechos de la mujer y opositoras al régimen nazi, como Anita Augspurg y Alice Salomon, tuvieron que huir al exilio.

Además, los nazis difundieron una imagen enemiga de la mujer intelectual y autodeterminada. El verdadero destino femenino era ser ama de casa y madre. Esto restableció las relaciones de género tradicionales. Tras la Segunda Guerra Mundial y la caída del régimen nazi, las mujeres volvieron a tener que trabajar para mantener a sus familias cuando sus maridos estaban heridos o habían fallecido. Cuando Alemania se recuperó gradualmente en la década de 1950, los hombres volvieron a ser el único sostén de la familia, mientras que las mujeres volvieron a ser amas de casa y madres. Sin embargo, esto no duró mucho.

Segunda oleada

El feminismo se revitalizó a partir de la década de 1960. El famoso "lanzamiento de tomates" de 1969 inauguró la segunda ola del feminismo. La portavoz del Consejo de Acción para la Liberación de la Mujer, Helke Sander, acusó a los hombres de la SDS de ignorar la discriminación que sufrían las mujeres sin que ellas les hicieran caso.

Sigrid Rüder arrojó entonces tomates en dirección a la mesa del consejo. Ese mismo día se formaron grupos de mujeres para actuar contra la desigualdad de trato. Las mujeres apenas estaban representadas en los institutos y universidades, sólo una de cada tres mujeres tenía empleo y apenas participaban en política. Las mujeres que tenían empleo sólo trabajaban en puestos típicos de su sexo, como secretaria o profesora, y estaban mal pagadas.

Además, las mujeres no podían abrir sus propias cuentas bancarias ni disponer de sus bienes hasta 1962, hasta 1977 necesitaban el permiso de su marido para ejercer una profesión y, en caso de divorcio, la mujer era considerada generalmente la culpable y no recibía apoyo económico. Los abortos estaban prohibidos, las mujeres no podían emprender acciones legales contra la violación marital y eran las únicas responsables del hogar.

La feminista Simone de Beauvoir publicó el libro "El sexo opuesto", en el que disipaba mitos sobre la mujer, destacaba las diferencias entre el género biológico y el social y dejaba claro que la mujer se ve obligada a desempeñar el papel de ama de casa y no está destinada a ello. El libro causó sensación, y los movimientos feministas volvieron a hacer campaña por la independencia y la autodeterminación de las mujeres y llamaron la atención sobre las desventajas a las que se enfrentaban. En particular, lucharon contra los salarios más bajos, los rígidos modelos de conducta, el acceso restringido a la educación y la prohibición del aborto.

A partir de 1957, se fueron aboliendo en la RFA las disposiciones legales que vulneraban el artículo 3 de la Ley Fundamental como requisito de la igualdad de derechos. A partir de 1994, se añadió al artículo 3: "El Estado promoverá la realización efectiva de la igualdad de derechos entre mujeres y hombres y trabajará por la eliminación de las desventajas existentes". En 1961, una mujer fue ministra federal por primera vez. Fue Elisabeth Schwarzhaupt, responsable de Sanidad.

A partir de los años 80, los Verdes experimentaron un auge porque querían promover el feminismo. La

CDU también reformó sus políticas e hizo campaña por una mejor conciliación de la vida laboral y familiar. Muchas mujeres prominentes admitieron haberse sometido a un aborto a pesar de las malas condiciones higiénicas y de la prohibición. Como resultado de la segunda oleada, se permitieron los abortos en determinadas condiciones, se impartió educación sobre sexualidad y delitos sexuales, las mujeres podían decidir por sí mismas si querían trabajar y en qué, y se introdujeron cuotas femeninas y cuotas para el cuidado de los hijos para facilitar el trabajo de las mujeres.

En 1977 se abolió la ley del "matrimonio ama de casa", lo que significaba que la mujer ya no estaba obligada legalmente a llevar las riendas del hogar. Se suprimió el principio de culpabilidad en el divorcio y también se pudo adoptar el apellido de la mujer como apellido familiar. Tras esta reforma del derecho de familia, también se produjeron modernizaciones en la enseñanza y la investigación: por primera vez en 1976, hubo un programa para mujeres en la Universidad Libre de Berlín, que se ocupaba de la mujer en la historia, la política, la cultura y las ciencias. En 1997 se introdujeron los estudios de género para investigar las relaciones entre hombres y mujeres. Además, en 1980 se aprobó una ley sobre la igualdad de trato entre hombres y mujeres en el lugar de trabajo, que, además de la igualdad de trato, estipulaba la igualdad de salario por el mismo trabajo, independientemente del sexo.

Tercera ola

La tercera ola del feminismo comenzó a mediados de la década de 1990. El término surgió del "Feminismo de Tercera Ola" estadounidense y hace hincapié en la diversidad de las identidades y experiencias femeninas. Desde entonces se cuestionan la heterosexualidad como norma social y el orden binario de género.

Se desarrolló el feminismo interseccional, que señala la posibilidad de una discriminación múltiple. Al fin y al cabo, también existe el racismo (discriminación basada en el origen), el capacitismo (discriminación de las personas con discapacidad) y el clasismo (discriminación basada en el origen social). Lo que significa ser mujer u hombre no es fijo y cambia constantemente. Durante la tercera ola se permitió, entre otras cosas, el matrimonio entre personas del mismo sexo.

Desde la Conferencia Mundial de la ONU sobre la Mujer, celebrada en Pekín en 1995, se han establecido medidas para lograr la igualdad de género y hacer realidad los derechos de la mujer. En concreto, se trata de la pobreza, la educación, la violencia contra las mujeres, las mujeres en el trabajo y en puestos de poder, los derechos humanos, el medio ambiente, los medios de comunicación y la infancia. La atención se centra en la autoconfianza, la libertad, la autodeterminación y la igualdad de género.

Al mismo tiempo, el antifeminismo va en aumento; muchos hombres quieren conservar sus privilegios e ignoran o difaman el feminismo en consecuencia. Sin embargo, cada vez se habla más públicamente del sexismo y la discriminación cotidianos para poner de relieve y minimizar las estructuras patriarcales que aún prevalecen.

¿POR QUÉ ES IMPORTANTE EL FEMINISMO?

Dado que el feminismo existe desde hace tanto tiempo, se podría pensar que hace tiempo que hemos alcanzado la igualdad de género. Las mujeres pueden votar, tener un trabajo, la agresión sexual está prohibida. Al menos esa es la teoría. En Estados Unidos, sin embargo, unos cuatro millones de personas salieron a la calle para la Marcha de las Mujeres el 21 de enero de 2017. En España, 5,3 millones de personas protestaron en huelgas en 2018. En Alemania, tampoco todo el mundo está contento con la situación actual.

La igualdad de género es deseable tanto en términos jurídicos como sociales, pero en la práctica todavía está muy lejos. A continuación puedes ver los ámbitos en los que el feminismo aún está lejos de alcanzar su objetivo.

LA VIDA COTIDIANA

Según el Ministerio Federal de Familia, Tercera Edad, Mujer y Juventud, las mujeres dedican de media un 52,4% más de tiempo al día al trabajo de cuidados no remunerado que los hombres. Esto incluye todas las tareas domésticas, jardinería, cuidado de niños y adultos, ayuda no remunerada a otros hogares y trabajo voluntario. También se tuvo en cuenta el tiempo de desplazamiento.

Los hombres realizan unas dos horas y 46 minutos de este trabajo al día, y las mujeres unas cuatro horas y 13 minutos. Aunque las mujeres obtengan los principales ingresos de la familia, suelen trabajar más en el hogar. Esta brecha de género en los cuidados ilustra la diferente cantidad de tiempo que se dedica al llamado trabajo de cuidados. Y no carece de consecuencias: Las mujeres tienen muchas más probabilidades que los hombres de trabajar a tiempo parcial para gestionar el trabajo de cuidados no remunerado. Esto también repercute en sus menores ingresos y pensiones. La diferencia es especialmente extrema entre las mujeres de 34 años:

Las mujeres dedican un 110,6% más de su tiempo a tareas no remuneradas que los hombres. Es precisamente a esta edad cuando se toman las decisiones vitales clave y aumenta el tiempo dedicado a los hijos. La mayor parte del trabajo de cuidados se realiza sobre todo en los hogares con niños, ya que el cuidado de los hijos ocupa mucho tiempo. Además, las mujeres suelen asumir las tareas más íntimas, agotadoras y emocionalmente estresantes cuando se trata de cuidar a sus padres, por ejemplo. En el Reino Unido, por ejemplo, las mujeres prestan el 70% de los cuidados no remunerados y reciben aún menos apoyo que los hombres.

La Oficina de Estadísticas Nacionales del Reino Unido descubrió que, como consecuencia de ello, las mujeres del Reino Unido tienen unas cinco horas menos de tiempo libre a la semana, e incluso es más probable que combinen el tiempo libre que les queda con las tareas domésticas.

En Uganda, las mujeres trabajan incluso seis horas diarias más que los hombres. Esta discrepancia tiene consecuencias importantes: repercute negativamente en la salud de las mujeres. Según un estudio canadiense de 2016, las mujeres tienen peores resultados tras una operación de corazón, ya que reanudan inmediatamente su trabajo no remunerado después de la operación, mientras que los hombres descansan y reciben cuidados tras una operación. Además, las mujeres sufren estrés, ansiedad y depresión en el trabajo dos veces más que los hombres. La salud de las mujeres se resiente más que la de los hombres, sobre todo en los ámbitos en los que se hacen muchas horas extraordinarias; trabajar entre 41 y 55 horas semanales tiene un efecto negativo en las mujeres, mientras que no lo tiene en los hombres.

Según un estudio sueco, el riesgo de desarrollar enfermedades cardiacas y cáncer se triplica si trabajan más de 60 horas semanales durante 30 años. Sin embargo, esto no se debe a una tolerancia al estrés fundamentalmente menor en las mujeres; simplemente asumen tanto trabajo no remunerado que no son capaces de hacer más en el trabajo. En cambio, mantienen libres las espaldas de sus maridos trabajando en casa y, a menudo, a tiempo parcial, lo que supone menos tensión para él, pero al mismo tiempo ganan menos. A pesar de la tensión física y mental, el trabajo de cuidados no suele considerarse un verdadero trabajo. Un reparto equitativo del trabajo de cuidados entre las parejas daría lugar a mejores oportunidades en el mercado laboral, mayores ingresos y mayores derechos de pensión independiente para las mujeres.

El sexismo empieza con pequeñas cosas que a veces pasan desapercibidas en la vida cotidiana. Puede que te hayas dado cuenta de que los hombres, en particular, se sientan con las piernas separadas en el autobús o en el tren. No se trata de un caso aislado, sino que ocurre con tanta frecuencia que existe un término establecido para ello: Manspreading. Los hombres abren las piernas en el tren cinco veces más que las mujeres y, contrariamente a la creencia popular, no lo hacen por razones físicas, según los descubrimientos científicos.

Ocupan el espacio porque inconscientemente piensan que tienen derecho a él. La falta de consideración es una expresión del comportamiento de dominio y poder con el que inconscientemente quieren dejar claro su lugar en el mundo. Ya de niños se les enseña que tienen derecho a algo que deben tomar. Por tanto, el deseo de mostrar presencia ya se aprende en la infancia. Al fin y al cabo, a los niños siempre se les muestra y entrena para mostrar un comportamiento orientado a la acción y competitivo.

Las niñas, en cambio, aprenden pronto a ceder el paso a los demás y a pasar a un segundo plano. Así, mientras que de los chicos se espera y se les anima a comportarse de forma ruidosa, segura y dominante, a las chicas se las castiga por ello. También se anima a los chicos a no cuestionarse si reciben atención de forma negativa. Las niñas, en cambio, deben saber controlarse y mostrar consideración. Lo que se aprende tan pronto en la infancia no cambia de repente en la edad adulta. Sin embargo, esto también ocurre en las mujeres, aunque en menor medida.

Sin embargo, no se sientan con las piernas separadas, sino colocando su bolsa o mochila en el asiento vacío junto al suyo. A esto se le llama shebagging. Sin embargo, menos gente tiene problemas para llamar la atención de una mujer sobre esto; es menos probable que a las mujeres se les conceda el espacio extra que a un hombre. Si alguna vez te encuentras con un "manspreading" o un "shebagging", puedes exigir tu sitio en silencio extendiéndote también, o puedes hablar con el hombre o la mujer por ocupar demasiado espacio, pero sin preguntar ni disculparte. Al fin y al cabo, no eres tú quien se está portando mal, tienes derecho al espacio y puedes exigirlo. Además, suele haber otras personas en el tren o autobús que pueden acudir en tu ayuda en caso de emergencia.

Otro ejemplo de discriminación que no salta a la vista: los aseos públicos. Probablemente te habrás dado cuenta de que siempre hay colas más largas delante de los aseos de mujeres que de hombres en los conciertos o en el cine. Sin embargo, esto no se debe principalmente a que las mujeres tengan que ir al baño más a menudo: Simplemente, hay más servicios en los aseos de hombres. Según la Ordenanza sobre Lugares de Reunión, debe haber ocho aseos y doce urinarios para 1000 hombres; para las mujeres, sólo hay doce aseos. Aunque la mayoría de los aseos tienen la misma superficie, los urinarios hacen que los metros cuadrados puedan ser utilizados por más personas al mismo tiempo.

Así que no es de extrañar que los aseos masculinos sean más rápidos. Además, el uso normal del retrete lleva más tiempo a las mujeres que a los hombres por razones anatómicas. Además, la mayoría de las personas mayores y discapacitadas son mujeres y, por tanto, también tardan más. Además, un número importante de mujeres en edad fértil tienen la menstruación, lo que significa que tienen que cambiarse de compresas, tampones o copas menstruales. Por no mencionar el hecho de que las mujeres sufren infecciones de vejiga ocho veces más a menudo que los hombres y, por tanto, también necesitan ir al baño más a menudo. Debido a estas diferencias biológicas, la distribución de los retretes es cualquier cosa menos justa.

Si echamos un vistazo a otros países, observamos un problema aún más grave en lo que se refiere a los aseos: el 30% de las mujeres no tienen acceso a aseos seguros. Según WaterAid, las niñas y las mujeres pasan un total de 97.000 millones de horas buscando un lugar seguro para ir al baño. En los países en desarrollo, muchas trabajadoras incluso intentan evitar ir al baño durante todo el día por falta de un lugar seguro al que ir y de agua limpia. Como consecuencia, no beben durante el día, lo que las expone al riesgo de deshidratación, infecciones de la vejiga y del tracto urinario e insolación. En Mumbai, 2,5 millones de mujeres ni siquiera tienen un retrete en sus casas y sólo hay urinarios gratuitos para los hombres en público. En los barrios marginales, sólo hay unos seis retretes para 8.000 mujeres, e incluso entonces las mujeres prefieren ir a algún lugar al aire libre. Las agresiones sexuales suelen producirse en los aseos públicos, donde las mujeres primero son emboscadas y luego agredidas.

Como casi nadie quiere hablar de este tema, no existen cifras fiables sobre el número de agresiones sexuales que sufren las niñas y las mujeres en los aseos públicos. Sin embargo, se supone que las mujeres sufren violencia sexual por parte de los hombres el doble de veces que las mujeres que tienen un retrete en casa. Sin embargo, hacer sus necesidades fuera de casa aumenta el riesgo de enfermedades como la poliomielitis, la enfermedad inflamatoria pélvica, la hepatitis, el cólera y la infestación por lombrices debido a la falta de agua limpia. Estas enfermedades matan cada año a millones de personas en India, principalmente mujeres y niñas.

EDUCACIÓN

Las niñas y las mujeres también se quedan atrás en lo que respecta a la educación. En los países en desarrollo, muchas de ellas no van a la escuela, y alrededor de dos tercios de todos los analfabetos del mundo son mujeres. Una de las razones es que muchas familias no pueden permitirse pagar las tasas escolares. Aunque no haya que pagar tasas escolares, al menos para los alumnos de primaria, sigue habiendo gastos de libros, uniformes escolares y comidas. Alrededor del 18% de todos los niños de entre cinco y catorce años trabajan, y esto ni siquiera incluye a los niños que ayudan en las tareas domésticas.

Las niñas, en particular, tienen que ayudar en casa; en Bangladesh, las niñas de diez años pasan una media de diez horas al día haciéndolo. Esto significa que, además del aspecto económico, tampoco habría ayuda en el hogar y se consolidarían las estructuras patriarcales, por lo que de varios hijos sólo el varón suele ir a la escuela. De todos modos, las oportunidades profesionales son mucho mejores para los chicos y el trayecto a la escuela suele considerarse demasiado peligroso para las chicas, mientras que se espera que los chicos hagan lo mismo.

Especialmente en situaciones de crisis, como guerras o catástrofes naturales, las niñas sólo van a la escuela la mitad de veces que los niños. La dependencia de sus futuros maridos está preprogramada.

VIDA PROFESIONAL

La diferencia salarial entre hombres y mujeres la calcula anualmente el Foro Económico Mundial y muestra la diferencia de ingresos brutos medios entre ambos sexos. En términos de ingresos, hombres y mujeres todavía no están en pie de igualdad, aunque haya muchas razones para ello y no sea necesariamente intencionado. De hecho, las mujeres ganan menos que los hombres en todos los grupos profesionales; en Alemania, la diferencia salarial es a veces la mayor. Se distingue entre la diferencia salarial entre hombres y mujeres ajustada y no ajustada.

La diferencia salarial ajustada entre hombres y mujeres es del 2 - 7 % y tiene en cuenta características comparables como la misma profesión, las mismas cualificaciones y la misma experiencia laboral. Por tanto, a pesar de tener el mismo trabajo y los mismos antecedentes, las mujeres en Alemania ganan entre un 2 y un 7 % menos que los hombres debido a la discriminación.

Entre otras cosas, se suele suponer que las mujeres se quedarán embarazadas con toda seguridad una vez y luego se ausentarán durante más tiempo, aunque la tasa de natalidad siga bajando. Sin embargo, se asume directamente que una mujer no podría conciliar la vida laboral y familiar, y esto se utiliza para justificar recortes salariales o la no contratación.

La diferencia salarial entre hombres y mujeres sin ajustar es del 18 %, lo que significa que no sólo se incluyen en el cálculo las características comparables, sino los ingresos en su conjunto. Esto significa que no se tienen en cuenta las cualificaciones, la ocupación o la experiencia laboral. En cambio, la diferencia salarial se debe en gran medida a que las mujeres tienen más probabilidades de trabajar a tiempo parcial debido al trabajo de cuidados que conlleva, lo que significa que ganan menos y tienen pocas oportunidades de promoción.

Debido a los posibles embarazos y a las bajas por maternidad y paternidad, las mujeres también se ausentan durante más tiempo, lo que también repercute negativamente en sus carreras profesionales. Otra razón es que las mujeres tienen más probabilidades de trabajar en profesiones mal pagadas, sobre todo en el sector social, que están mal pagadas precisamente porque en ellas predominan las mujeres. Los hombres tienen más probabilidades de trabajar en profesiones prestigiosas y dominadas por los hombres, como los oficios cualificados y los sectores empresarial e informático, que por tanto se valoran en términos monetarios.

A pesar de las mismas exigencias y el mismo esfuerzo, el público en general considera que las profesiones en las que predominan las mujeres tienen salarios más bajos que las profesiones en las que predominan los hombres. Entre las profesiones en las que las mujeres están muy sobrerrepresentadas se encuentran, por ejemplo, los cuidados geriátricos y la enfermería o la profesión de educador. Estas profesiones están comparativamente mal pagadas; en los ámbitos en los que predominan las mujeres (las mujeres constituyen el 87% del personal de enfermería), ganan unos 8 euros menos por hora que en las profesiones en las que predominan los hombres. Sin embargo, las cuidadoras, en particular, soportan una enorme responsabilidad, tienen que realizar un trabajo físicamente exigente, trabajan por turnos, están expuestas a altos niveles de estrés psicológico y tienen pocas oportunidades de relajarse.

Además, un basurero recibe una prima por levantar cargas pesadas, mientras que una enfermera geriátrica no. Incluso en las profesiones que requieren un título académico, se gana menos en el sector dominado por las mujeres: una trabajadora social gana unos 16 euros por hora, una ingeniera unos 29 euros. Una de las razones de esta diferencia es que la mayoría de las profesiones típicamente femeninas nunca fueron diseñadas para una carrera profesional de éxito. Al fin y al cabo, las mujeres solían dejar la profesión tras el nacimiento de su primer hijo y se ocupaban de la crianza y el hogar.

Aunque la mayoría de la gente está a favor de una mejor remuneración para las profesiones tradicionalmente femeninas, la situación real suele ser diferente. En un estudio, la investigadora social Katrin Auspurg descubrió que, dadas las mismas cualificaciones y el mismo rendimiento, los encuestados estaban a favor de un salario más alto para los hombres que para las mujeres. Como resultado, la mayoría constató una diferencia salarial entre ambos sexos de alrededor del 8 %, a pesar de realizar el mismo trabajo.

Lo que también influye en la diferencia salarial entre hombres y mujeres son las distintas opciones educativas y profesionales. En ello influyen los estereotipos de género: determinados sectores se consideran típicamente masculinos o típicamente femeninos, lo que hace que las mujeres en particular no se sientan seguras en una profesión dominada por los hombres y se consideren demasiado faltas de talento. Estudios de 2001 y 2004 muestran que estereotipos como la suposición de que las mujeres no pueden hacer matemáticas, informática o ciencias influyen en su percepción.

A pesar de su buen rendimiento, no se sienten capaces de rendir tanto como los hombres en estas materias. Los hombres, por el contrario, se consideran más talentosos en estas áreas aunque su rendimiento sea igual o peor que el de las mujeres. Esto llega hasta el punto de que las mujeres hacen depender su formación posterior y su trayectoria profesional de los estereotipos y no de sus capacidades personales. Según el informe TIMMS de matemáticas y el informe TIMMS de ciencias, las chicas son en realidad mejores en matemáticas y ciencias por término medio. Sin embargo, incluso con buenas notas, las chicas tienen poca confianza en sus capacidades.

Además, para empezar, a las mujeres ya les resulta difícil acceder a la profesión deseada. Según un estudio de los economistas Dorothea Kübler, Robert Stüber y Julia Schmid, las empresas discriminan a las mujeres cuando contratan aprendices, sobre todo en campos dominados por los hombres. A pesar de tener las mismas cualificaciones y una titulación igual de buena o incluso mejor, se confía menos en ellas, se piensa que encajan peor en el equipo y se quiere evitar el absentismo por posibles embarazos.

Otro problema es que, sobre todo en las pequeñas empresas donde antes sólo trabajaban hombres, no hay instalaciones sanitarias para mujeres, que por tanto habría que construir primero. Muchos empresarios prefieren ahorrarse el gasto. Según los economistas, el hecho de que una candidata sea mujer tiene un efecto negativo similar al de una nota media inferior en todo un curso.

Un estudio realizado por la Universidad de Princeton en 2012 también investigó hasta qué punto el sexo de los solicitantes influía en sus posibilidades de ser contratados y llegó a la misma conclusión: los sujetos de la prueba asumían automáticamente que un solicitante varón era más competente y preferían contratarlo. Sólo un desfase de cuatro años en el CV tuvo un efecto más negativo que el género. Las empresas con mayor diversidad de género tuvieron más éxito:

Las mujeres suelen aportar características que antes estaban menos representadas, como una mejor capacidad crítica, servicialidad, interacción social y prestan más atención a las sugerencias de los empleados de menor rango. Además, más mujeres en la empresa rompen los estereotipos existentes. Contratar a más mujeres también ayuda a aumentar la proporción de mujeres en la empresa en el futuro; tener al menos una mujer en el proceso de solicitud aumenta las posibilidades de las candidatas. Por otra parte, los hombres que ejercen profesiones en las que predominan las mujeres apenas sufren discriminación.

Otro punto es la reticencia de las mujeres a negociar salarios. Esto se debe principalmente al desconocimiento de cuánto pueden exigir. Según el economista y formador en comportamiento Ljubow Chaikevitch, las mujeres en particular se perciben a sí mismas como si valieran menos de lo que realmente valen y ya están agradecidas si las contratan. Sobre todo si les gusta su trabajo, tienden a verlo como un pasatiempo y no aprecian sus propios talentos.

De hecho, a diferencia de los hombres, las mujeres son educadas en la infancia para ser reservadas, modestas y tranquilas en su comportamiento, que rara vez cambia a lo largo de su vida. Por esta razón, tienden a ser castigadas por comportamientos típicamente masculinos, a los que no están acostumbradas y que se manifiestan en confianza en sí mismas, dominancia y seguridad en sí mismas. Ese comportamiento no se tolera en ellas, ya que simplemente se espera que sean "amables" y modestas. Los hombres, en cambio, son respetados e incluso alabados por el mismo comportamiento.

Si estás en condiciones de negociar tú mismo un salario mejor: Investiga tu valor en el mercado, el salario habitual en tu sector, habla con compañeros del mismo nivel jerárquico y toma nota de tus éxitos en el trabajo. Debes argumentar con tu rendimiento y valor añadido, no con circunstancias personales. También es útil repasar la reunión de negociación salarial varias veces de antemano para que puedas reaccionar con calma y confianza en la reunión real.

La maternidad es también un factor importante en la diferencia salarial. Como las mujeres asumen la mayor parte del trabajo de cuidados y tienen menos capacidad para trabajar a jornada completa, por no hablar de las horas extraordinarias, sobre todo con hijos, están en desventaja con respecto a sus colegas masculinos. Gracias a su pareja, los hombres con hijos suelen poder trabajar incluso más horas que antes sin hijos. Es más, las mujeres lo tienen más difícil en las redes masculinas; salir a cenar o a jugar al golf con colegas o jefes después del trabajo apenas es posible con niños en casa.

Por esta razón, las mujeres son más propensas a renunciar a su deseo de una trayectoria profesional empinada; al principio de su carrera, alrededor del 43% de las mujeres siguen queriendo ocupar puestos directivos, pero después de cinco años en el trabajo esta cifra desciende al 16%. Para los hombres, el deseo sigue siendo el mismo. Según un estudio del Instituto Alemán de Investigación Económica (DIW Berlín), sólo uno de cada cuatro hombres se acoge al permiso parental y la mayoría de ellos sólo se toma los dos meses que dan derecho a la prestación parental.

Según un estudio publicado en el American Journal of Sociology en 2007, las madres también son consideradas menos competentes y menos comprometidas con su trabajo que los hombres, y cobran menos. Además, se espera que las madres cumplan mayores exigencias que los hombres; es menos probable que se ausenten del trabajo y deben obtener mejores resultados. Sorprendentemente, se constató que esto no se aplica a los padres; se les exige menos que a los hombres sin hijos.

Las mujeres se enfrentan a problemas no sólo en cuanto al proceso de solicitud, los ingresos o cómo las perciben los demás en su vida profesional. También les resulta difícil ascender en la escala profesional y alcanzar puestos directivos. Esto se conoce como el efecto "techo de cristal".

Las mujeres suelen toparse con este obstáculo a partir del puesto de mando intermedio, por encima del cual les resulta difícil progresar. Una vez más, la razón de ello radica en los estereotipos que suelen negar a las mujeres su competencia, cualificación y asertividad, así como en un clima empresarial centrado en los hombres y en la falta de acceso a las redes para establecer contactos. Los estudios han demostrado que los hombres no sólo dan prioridad a la contratación de hombres, sino también a su promoción.

Como en muchos otros ámbitos, también se da por supuesto que las mujeres se quedarán embarazadas y se ausentarán durante más tiempo, por lo que es mejor contratar a alguien que no corra este riesgo. Las mujeres siguen sufriendo discriminación y baja estima incluso cuando ya han ascendido en la escala profesional. Según una encuesta de 2015, el 75% de las mujeres directivas ya han sufrido discriminación. En 2012, la cifra era sólo del 61%.

Se las discrimina no tratándolas como iguales, dándoles coches de empresa con menos frecuencia, mandándolas a por café más a menudo o haciéndoles realizar tareas serviles similares, así como mediante comentarios sexistas e insultos. La discriminación también se manifiesta en el hecho de que a las mujeres se les asignan proyectos peores, si es que se las tiene en cuenta durante el proceso de selección, se las invita a eventos de networking con menos frecuencia y reciben salarios y primas más bajos. La cultura empresarial centrada en el hombre también dificulta que las mujeres desarrollen su potencial:

Las mujeres con hijos tienen restringida su movilidad, tienen al menos pequeñas lagunas en su CV y no pueden estar disponibles espontáneamente. Sin embargo, esto es lo que normalmente se espera. Este problema se solucionaría si nos apartáramos de los estereotipos de género y animáramos a los hombres a realizar más tareas de cuidado para mantener libre la espalda de la mujer. Las guarderías de empresa, el trabajo desde casa y los horarios flexibles también permiten un mejor rendimiento.

En general, sin embargo, se refutó que las mujeres rindan menos y provoquen un mayor índice de rotación. Además, a menudo se infravaloran las habilidades blandas, como la empatía, la capacidad de comunicación y organización, la escucha activa, el pensamiento crítico y la motivación, que las mujeres en particular están capacitadas para desarrollar. Aunque estas cualidades se reconocen en los puestos directivos más bajos, en los niveles superiores suelen ser las cualidades masculinas, como la asertividad y la determinación, las que más cuentan.

Se ha descubierto que las mujeres en puestos de alta dirección pueden mejorar significativamente la cooperación y garantizar una mayor eficacia y eficiencia, así como frenar la excesiva confianza en sí mismas de muchos directores generales. También son mejores en la gestión de crisis y más abiertas a sugerencias y críticas. Un grupo mixto en cuanto al género logra mayores éxitos. Sin embargo, la proporción de mujeres en los consejos de administración de un total de 2101 empresas fue sólo del 7,7% en 2017. Y el 80,7% de las empresas no tienen ninguna mujer en su consejo. Sin embargo, casi ninguna empresa quiere cambiar la situación actual: el 78,2% de todas las empresas no tiene ningún objetivo o tiene un objetivo cero para la proporción de mujeres en el consejo.

Por ello, para mejorar la diversidad en las empresas, el 1 de enero de 2016 se introdujo en muchos lugares una cuota de mujeres. En el futuro, las empresas cotizadas con más de tres miembros en el consejo de administración deberán tener al menos una mujer en él. Desde la introducción de estos requisitos, la proporción de mujeres en puestos directivos en las empresas afectadas ha aumentado del 25% al 35,4%. En las empresas a las que no se aplica la normativa, es sólo del 19,9%.

Además de la brecha salarial entre hombres y mujeres, también existe la brecha de género en las pensiones, que muestra la diferencia entre los ingresos por jubilación de hombres y mujeres. Debido a las razones de los ingresos más bajos descritas anteriormente, aquí también hay una gran diferencia. Sólo en lo que respecta a la pensión legal, en Alemania existe una diferencia de género en las pensiones del 58,5 %. Los hombres reciben una pensión media de 1.148 euros, mientras que las mujeres sólo perciben una pensión de 711 euros. Por tanto, las personas afectadas por la pobreza en la vejez a menudo tienen que trabajar a tiempo parcial o cobrar botellas retornables a una edad avanzada y apenas pueden llegar a fin de mes. Además, la pobreza en la vejez conlleva una vida más corta, problemas de salud y retraimiento social.

En Asia Oriental, Asia Meridional, Asia Central y el Norte de África en particular, las mujeres valen menos que los hombres; según UNICEF, se calcula que cada año se abortan más de un millón de fetos sólo en India y China simplemente porque se espera que sean hembras.

Incluso cuando son bebés o niñas pequeñas, las niñas de estas regiones suelen ser maltratadas deliberadamente para provocar su muerte o son asesinadas directamente. En India, esto se debe principalmente a razones económicas; las mujeres corren un mayor riesgo cuando se casan debido a la dote. En esta dote se entregan bienes o enseres domésticos del padre de la novia al padre del novio, lo que supone un elevado desembolso económico. Los gastos escolares y de educación también son elevados. En China, los abortos de fetos femeninos tienen un carácter más cultural, ya que en general se considera a la mujer menos valiosa y el hombre es el cabeza de familia.

Además, entre 1978/1989 y 2015 estuvo en vigor la "política del hijo único", durante la cual una familia sólo podía tener un hijo. Las infracciones se castigaban con multas y sanciones como la pérdida del empleo o de la vivienda. Debido a la tradición confuciana de mantener la sucesión masculina, a menudo se abortaba a las niñas.

Según un informe del Fondo de Población de las Naciones Unidas (UNFPA), las niñas y mujeres pobres tienen tres veces más hijos que las ricas debido a la falta de acceso a métodos anticonceptivos y educación. Alrededor de 214 millones de mujeres de los países en desarrollo se ven afectadas por la falta de acceso a métodos anticonceptivos; el 43% de los embarazos no son deseados. Se calcula que cada año se abortan unos 48 millones de niños. Según el ministro alemán de Desarrollo, Gerd Müller, la educación primaria puede reducir la tasa de embarazos en un 13% y la secundaria hasta en un 42%.

Los anticonceptivos se consideran un medio de libertad y autodeterminación, porque desde su introducción, las mujeres en Alemania han podido decidir por primera vez si quieren o no exponerse al riesgo de embarazo.

Cuando la píldora anticonceptiva salió al mercado hace unos 60 años, se consideró un signo de emancipación. Con el paso de los años, los posibles efectos secundarios se hicieron cada vez más notables; las mujeres sufrían cambios de humor, migrañas, aumento de peso, pérdida de libido, piel más pobre, ataques de pánico, depresión, hemorragias intermenstruales y un mayor riesgo de trombosis y cáncer. El 55% de las mujeres declararon en una encuesta que la anticoncepción con la píldora u otros anticonceptivos hormonales, como la espiral hormonal, tenía efectos negativos en su cuerpo y su mente. A las chicas jóvenes en particular no se les suele dar suficiente información y se les prescribe la píldora, como el Tictacs, a pesar de que se ha demostrado que afecta al cuerpo física y psicológicamente.

Al dejar la píldora, el cuerpo necesita a veces de seis a doce meses para acostumbrarse al cambio, y muchas mujeres sólo se dan cuenta durante este tiempo de lo mucho que han cambiado bajo la influencia de la píldora. Dada la magnitud de los efectos secundarios, la píldora ya ni siquiera debería estar en el mercado desde la perspectiva actual.

En la actualidad, la tendencia se aleja de los anticonceptivos hormonales y se orienta hacia los preservativos, el DIU de cobre, la cadena de cobre o la medición de la temperatura y el análisis del moco cervical. Pero, por desgracia, apenas se investigan alternativas no hormonales, ya que los anticonceptivos hormonales generan mucho dinero para la industria farmacéutica.

La anticoncepción sigue considerándose un asunto de mujeres, para los hombres sólo existe el preservativo, que indirectamente también utilizan las mujeres, y la vasectomía como corte parcialmente reversible de los conductos espermáticos. Aunque la píldora anticonceptiva masculina ya está en el mercado, el 10% de los sujetos de prueba se quejaron de dolores de cabeza, cambios de humor y pérdida de libido.

Aunque esto ocurría en la misma medida que en las mujeres, el producto se desechaba rápidamente. Si se investigara más intensamente sobre las opciones anticonceptivas para los hombres, éstos podrían aliviar la carga de las mujeres y, al mismo tiempo, tener más voz en la planificación familiar. Aunque ya se están investigando alternativas y la mayoría de los hombres están a favor de más opciones anticonceptivas, la industria farmacéutica carece de financiación. Por el momento, la anticoncepción sigue siendo una cuestión de mujeres.

No sólo no se mejora la píldora. Existe una enorme laguna de datos en el campo de la medicina, ya que los fármacos existentes se centran e investigan en gran medida en los hombres. El cuerpo masculino se considera la norma, y el femenino, "anormal" y "atípico". Antes se suponía que la biología de hombres y mujeres funcionaba más o menos igual, pero ahora sabemos que no es así. No obstante, los medicamentos se adaptan al típico hombre de 70 kilos, los libros de texto de medicina muestran casi exclusivamente ilustraciones masculinas y falta información específica sobre el sexo incluso en temas en los que las diferencias de género se conocen desde hace tiempo. Tales diferencias existen en particular para enfermedades como la depresión, el VIH, el cáncer, la adicción al alcohol y los infartos de miocardio.

Un infarto en una mujer se caracteriza por náuseas, vómitos, dolor de espalda o cuello y sensación de opresión en el pecho; en un hombre, en cambio, por un dolor punzante en el pecho que se irradia al brazo izquierdo. Sin embargo, como las facultades de medicina enseñan principalmente los síntomas masculinos, rara vez o nunca se reconoce un infarto en una mujer. Los ensayos clínicos de fármacos se presentaban como válidos tanto para hombres como para mujeres, aunque sólo se permitiera participar a los hombres.

A menudo, los efectos secundarios de los medicamentos en las mujeres ni siquiera figuran en el prospecto, y la dosis del medicamento suele estar pensada para el cuerpo de un hombre y tiene un efecto completamente distinto en una mujer. Estas lagunas de datos se conocen como la brecha de datos de género. Desde los años 90, los estudios sobre medicamentos también deben realizarse en mujeres. Sin embargo, la proporción de sujetos femeninos en los primeros ensayos clínicos de fase I es sólo del 10 al 40 %, y en los de fase II y III, del 30 al 80 %. En muchos ámbitos, las mujeres habrían tenido que participar el doble para obtener resultados sólidos.

DISEÑO

No se trata sólo de medicamentos dirigidos a los hombres. Cuando hay que probar la seguridad de los coches, se utilizan maniquíes de pruebas de choque que se supone que corresponden al cuerpo humano. Sin embargo, hasta hace poco se utilizaba para ello un maniquí con una altura de 1,77 metros y un peso de 76 kilogramos; es decir, un maniquí que corresponde a la estatura media masculina. Como resultado, las mujeres tienen un 47% más de riesgo de sufrir lesiones graves y el riesgo de muerte es un 17% mayor.

Como las mujeres suelen ser más pequeñas y ligeras, al reposacabezas le cuesta más absorber el impacto y el cinturón de seguridad no tiene en cuenta los pechos y el vientre de embarazada. Y como las mujeres suelen tener que ajustar el asiento más alto y más hacia delante, se desvían de la posición estándar y aumentan así el riesgo de lesiones internas. Ahora, la prueba de homologación de la UE también exige que se realice con un maniquí adaptado a las mujeres. Sin embargo, éste sólo se utiliza en el asiento del pasajero delantero y es un maniquí masculino más pequeño.

La talla masculina, que debería aplicarse a todas las personas, no sólo pone en desventaja a las mujeres en el desarrollo de automóviles. Incluso los pianos están adaptados a la mano de un hombre medio, de modo que el 87% de las mujeres pianistas adultas están en desventaja. Esto repercute en su salud, ya que tienen más probabilidades de sufrir enfermedades relacionadas con el trabajo y el doble de riesgo de padecer dolor. Además, sólo pueden tocar el piano con el mismo nivel de dificultad que los hombres.

Otro producto diseñado para las manos de los hombres es el teléfono móvil. Un hombre de estatura media puede manejar su smartphone con normalidad, mientras que una mujer de estatura media necesita las dos manos. El software de reconocimiento de voz de Google también se programó desde una perspectiva masculina. Por tanto, la voz masculina tiene un 70% más de probabilidades de ser reconocida que la de una mujer. Esto puede ser incluso peligroso: Se supone que el software de reconocimiento de voz de los coches aumenta la seguridad de la conducción y evita las distracciones. Sin embargo, si hay problemas con ello porque al software le resulta más difícil reconocer la voz de una mujer, la distracción es aún más probable.

El vicepresidente de reconocimiento de voz del fabricante de sistemas de navegación para automóviles ATX, Tom Schalk, dijo que las mujeres deberían simplemente adaptar su voz al sistema y no al revés. Culpar a las mujeres de un problema del que no son responsables siempre ha sido más fácil que abordar la raíz del problema. De hecho, la voz de las mujeres es más fácil de entender porque hablan más despacio y con más claridad y alargan más las vocales que los hombres. Por desgracia, esto no sirve de nada si las bases de datos sólo están llenas de voces masculinas, a partir de las cuales luego se desarrolla el software.

Éstas no son ni mucho menos todas las áreas en las que el diseño de un producto está hecho a medida de los hombres. La temperatura de la oficina es cinco grados demasiado fría para la mujer media, las puertas son demasiado pesadas, los muebles son demasiado altos. Esta lista no es exhaustiva, ya que muchas áreas en las que las mujeres están en desventaja ni siquiera se reconocen. La razón es que durante siglos se permitió a los hombres tomar todas las decisiones y sólo aportaban su perspectiva; las mujeres fueron invisibles en un segundo plano durante mucho tiempo. Sus cuerpos y su visión del mundo han sido tratados como la norma universal y esto sólo está cambiando lentamente.

POLÍTICA CORPORAL

Además, a las mujeres se las juzga principalmente de forma despectiva por su aspecto. Sobre todo cuando parecen decididas y seguras de sí mismas, como suele ocurrir con las políticas, científicas o ejecutivas, se comenta su atuendo o se insulta su cuerpo. El objetivo es negarles su lugar, deslegitimarlas y demostrar que no se las considera con respeto.

Las mujeres con sobrepeso reciben un trato mucho menos favorable que las delgadas. La apariencia siempre ha sido importante y a las mujeres atractivas siempre se las ha tratado mejor y se las ha considerado más simpáticas. Sin embargo, las proporciones actuales no tienen precedentes. Se enseña a las mujeres que tienen que ser bellas para ser valiosas, lo cual es cuestionable desde un punto de vista social, médico y moral.

Los medios de comunicación desempeñan un papel importante, difundiendo la imagen corporal perfecta de una mujer y presentándola como el ideal absoluto. En 5.000 anuncios diarios se dice a las mujeres que deben complacer a los hombres y ser un objeto sexual. La industria cosmética y de la moda apoya esto, se retoca cualquier imperfección en el cuerpo de las modelos y se photoshopea su cuerpo. Los programas dietéticos y los batidos de proteínas tienen más éxito que nunca. Las superheroínas femeninas llevan ropa escasa y mucho maquillaje, y la clásica Barbie, que sirve de modelo para muchas niñas, ni siquiera sería viable debido a su forma corporal poco realista.

Hay programas como "Germany's Next Topmodel", en el que media Alemania se burla de los intentos de las mujeres por ser modelos. Las azafatas de vuelo están obligadas a llevar cierto maquillaje y tacones altos. Y los productos o servicios relacionados con la apariencia, como las maquinillas de afeitar y las visitas a la peluquería, son más caros para las mujeres que para los hombres. Las mujeres se ven confrontadas en todas partes con el aspecto que deben tener. La autoestima viene determinada incluso más por el juicio sobre su cuerpo que en el caso de los hombres, porque las mujeres siempre han sido más objeto de representación estética que los hombres. Esto conduce a la depresión, a la cirugía estética y al aumento de los trastornos alimentarios.

VIOLENCIA

Además, las mujeres se ven afectadas por la violencia en un grado superior a la media; el 81% de las víctimas de violencia doméstica son mujeres. La violencia suele producirse en espacios reducidos; cada 45 minutos una mujer es víctima de una agresión por parte de su pareja. Según un estudio de la UE, sólo se denuncia uno de cada tres casos de violencia doméstica. La violencia sexual es la forma más común de violencia contra las mujeres; el 30% de todas las mujeres de Europa son o han sido víctimas. De los 15 millones de niñas de 15 a 19 años de todo el mundo que ya han sufrido violencia sexual, nueve millones la han padecido en el último año.

Y sorprendentemente, en uno de cada cuatro casos, el agresor es la propia pareja anterior o actual de la víctima. En los casos de violación, coacción sexual y agresión sexual en pareja, la mujer es la víctima en más del 98% de los casos, en el 89% de los casos de acoso, amenazas o agresión, en el 79,5% de los casos de agresión y en el 76,4% de los casos de homicidio. Cada día, un hombre intenta matar a su pareja actual o anterior, y uno de cada tres días lo consigue. Sin embargo, se trata en gran medida de un tema tabú; los medios de comunicación suelen referirse a él como una "tragedia familiar" o un "drama de celos". Como consecuencia, estos llamados feminicidios se consideran casos aislados y no un fenómeno que afecte a la sociedad en su conjunto. La situación emocional puede incluso tener un efecto atenuante en la sentencia.

De hecho, la violencia sufrida de niño tiene un impacto significativo en la vida adulta. Si fuiste maltratada por tus padres, tienes tres veces más probabilidades de sufrir violencia por parte de tu pareja en la edad adulta que las niñas sin esas experiencias. Además, el 75% de las mujeres han sufrido acoso sexual al menos una vez en su vida. El lugar del acoso varía; tiene lugar en Internet, en casa, en el trabajo, fuera, durante el tiempo libre.

Esto no sólo ocurre en grupos socialmente desfavorecidos o sólo en determinados grupos de edad, sino igualmente en todas partes. El acoso se percibe como humillante y aterrador. Las víctimas de agresiones sexuales a menudo tienen incluso que justificarse, como si fueran culpables de alguna manera. A menudo se justifica una agresión sexual por la ropa de la víctima, como si el acoso fuera provocado y el agresor no pudiera contenerse si llevara un vestido corto. La ropa apenas juega un papel aquí, ya que los delitos contra la autodeterminación sexual no disminuyen en invierno, cuando todo el mundo lleva ropa de abrigo.

Una de las causas de la agresión sexual es más bien el comportamiento de dominación y poder. Los agresores quieren dominar a la otra persona y hacerla suya sexualmente. Otra razón es el deseo de actuar con agresión sexual hacia una mujer para vengarse de todo el sexo femenino, que supuestamente es responsable de todas las desgracias en la vida del agresor. La mayoría de los agresores tienen una autoestima muy baja, carecen de respeto y algunos son incluso sádicos.

Los autores del acoso sexual, que se manifiesta en comentarios lascivos, peticiones de actos sexuales o envío de fotos sexistas o pornográficas, por ejemplo, también muestran características similares. Se trata de nuevo de una demostración de poder, degradación de la otra persona y falta de respeto. Durante mucho tiempo, estos delitos no se tomaron en serio, se silenciaron y se descartaron como un asunto menor.

Pero hay un cambio: se están creando campañas para educar a la gente. En lugar de "Protege a tu hija", el mensaje es ahora "Educa a tu hijo". Cada vez hay más llamamientos a denunciar a la policía incluso el acoso supuestamente menor, para dejar claro que ese comportamiento tiene consecuencias y ya no se acepta en silencio. El debate #MeToo de octubre de 2017 dio la vuelta al mundo. El hashtag #MeToo se utilizó en las redes sociales a raíz del escándalo de Harvey Weinstein para llamar la atención sobre la magnitud del acoso y las agresiones sexuales.

Harvey Weinstein, el productor cinematográfico más influyente de Hollywood, utilizó su poder para acosar sexualmente, abusar, coaccionar o violar a innumerables mujeres. Entre las mujeres afectadas figuran sus empleadas, colegas y actrices como Cara Delevingne, Angelina Jolie, Salma Hayek y Gwyneth Paltrow. Después de que las dos periodistas Jodi Kantor y Megan Twohey, del New York Times, denunciaran el comportamiento de Weinstein, se desencadenó una reacción en cadena y cada vez más mujeres destacadas denunciaron sus experiencias de agresión sexual por parte de Harvey Weinstein.

Se supo que muchas personas cercanas a él, como todo el consejo de administración de Weinstein Company y el actor Ben Affleck, lo sabían y, sin embargo, mantuvieron el asunto en silencio. Posteriormente, se inició un debate público sobre el hecho de ignorar deliberadamente el comportamiento sexualmente agresivo y el acoso, y Harvey Weinstein fue condenado a 23 años de prisión el 11 de marzo de 2020.

Sin embargo, el hashtag #MeToo no sólo se utilizó en relación con Weinstein; la diseñadora de moda y productora Alyssa Milano hizo un llamamiento en Twitter para que la gente denunciara sus propias experiencias de violencia y acoso sexual bajo el hashtag #MeToo. Al día siguiente del llamamiento, el hashtag contaba ya con medio millón de tuits. Para tomar medidas más duras contra el acoso sexual, se creó incluso el sitio web "Dickstinction.com", donde puedes denunciar fácilmente un "Dickpic" (una foto de un genital desnudo que alguien te ha enviado). También se está debatiendo la posibilidad de tipificar el catcalling como delito en el código penal. El "catcalling", que describe las llamadas lascivas y los silbidos detrás de alguien, ya es un delito penal en Francia y algunos otros países, y sólo se considera un insulto en algunos casos en Alemania.

LENGUA

El hecho de que los hombres sean considerados la norma sigue siendo evidente en el lenguaje. Cuando hablamos de un grupo mixto, sólo utilizamos la forma masculina plural: médicos, profesores, alumnos, etc. Esta forma se llama masculino genérico. Genérico significa que la palabra es un término genérico universalmente válido.

Con esta forma de hablar, utilizamos al hombre como norma y hacemos invisible a la mujer. En lugar de eso, ellas simplemente deberían sentir que también están significadas. En realidad, nos damos cuenta de que no es así. Las niñas y las mujeres no se sienten aludidas ni significadas por la forma masculina. Y ya se ha comprobado con escolares que sólo se imaginan a personas masculinas cuando un grupo utiliza la forma masculina genérica. Como alternativa, el lenguaje adecuado al género está ganando terreno, sobre todo en los medios de comunicación y en las universidades, donde médicos, profesores, alumnos, etc. se escriben con un asterisco después de la raíz de la palabra. Esto indica tanto la forma masculina como la femenina, y el asterisco en el centro indica todos los demás géneros que no son ni masculinos ni femeninos. En lugar del asterisco, también se pueden utilizar dos puntos, la I interna, una barra oblicua o una formulación de género neutro (por ejemplo, "los profesores") para referirse a personas no binarias.

Se deja un pequeño espacio donde aparece el carácter especial al hablar. De este modo, todos los géneros están incluidos y presentes. Esto tiene un efecto: en una clase escolar en la que se invirtió el género, un número significativamente mayor de chicas se atrevió a ejercer profesiones dominadas por los hombres y a desviarse del modelo estereotipado. Y cuando los anuncios de empleo tenían género, se presentaba un número significativamente mayor de mujeres. El masculino genérico por sí solo no garantiza que se tengan en cuenta todos los géneros, pero tiene un efecto de apoyo, como descubrió el lingüista Josef Klein. Los críticos creen que el género masculino interrumpe la fluidez de la lectura. Sin embargo, los estudios han demostrado que es posible acostumbrarse rápidamente a la nueva forma de escribir y hablar si el género se utiliza de forma coherente.

¿EL FEMINISMO TAMBIÉN ES PARA LOS HOMBRES?

Como puedes ver, el feminismo está aún muy lejos de alcanzar su objetivo. Mientras tanto, el antifeminismo va en aumento en todo el mundo; muchos hombres temen los cambios inminentes y ven peligrar sus privilegios. Además, el feminismo se equipara a menudo con el odio a los hombres, aunque se limita a criticar el trato preferente a los hombres.

La mayor presencia de mujeres suele desencadenar una reticencia a la propaganda misógina sistemática, sobre todo en Internet. El feminismo no sólo está a favor de las mujeres, sino que también se opone a la discriminación de todos los géneros. Casi ningún hombre querría una vida caracterizada por los juegos de poder, la discriminación y la opresión. Al fin y al cabo, los hombres también sufren clichés de roles muy arraigados: apenas se reconoce en la sociedad que los hombres muestren "momentos de debilidad". Todos estamos familiarizados con refranes como "sé un hombre", "un corazón indio no conoce el dolor" o insultos como "niña" para criticar la expresión de los sentimientos, el cariño o la ternura.

La imagen generalizada de que los hombres siempre tienen que ser valientes y fuertes se denomina masculinidad tóxica. Como consecuencia, es menos probable que los hombres busquen ayuda para no mostrar ninguna desnudez. Muchos estudios han demostrado que cuanto mayor es la adhesión a las normas clásicas de masculinidad, mayor es el riesgo de desarrollar depresión. La proporción de enfermedades mentales registradas es mayor entre las mujeres que entre los hombres, pero los hombres se suicidan con mucha más frecuencia. Según la Oficina Federal de Estadística, la proporción de suicidios masculinos en 2019 fue de alrededor del 76%.

La principal causa de suicidio es la depresión; más del 70% de los suicidas habían padecido previamente esta enfermedad. Aunque los hombres quieran pedir ayuda a tiempo, la depresión se reconoce mucho menos en ellos, ya que en la conciencia pública sigue considerándose una "enfermedad de mujeres". Debido a esta forma de pensar, se ha investigado menos sobre la depresión en los hombres. Ahora se sabe que la depresión se manifiesta de forma diferente en los hombres que en las mujeres: El aumento de la agresividad y los comportamientos adictivos son más frecuentes. Debido a la falta de investigación y a los diagnósticos incorrectos resultantes, el número de casos no declarados de hombres deprimidos es, por tanto, significativamente mayor de lo que se suponía. No sólo en el ámbito de las enfermedades mentales los hombres buscan ayuda con menos frecuencia; por lo general, consultan menos la ayuda médica y resuelven los problemas más a menudo con violencia, lo que conduce a los frecuentes actos de violencia contra las mujeres descritos anteriormente.

Además, según un estudio piloto realizado por el Ministerio Federal de Familia, Tercera Edad, Mujer y Juventud en 2004, los hombres son más a menudo víctimas de violencia física por parte de otros hombres; la otra parte es masculina en el 90% de los casos. Como ocurre con la violencia doméstica, a menudo no se toma en serio o se silencia, por lo que no está claro el número exacto de incidentes y víctimas.

Los hombres también lo tienen difícil como educadores. En más de dos tercios de las guarderías no hay ni un solo educador; sigue siendo una profesión dominada por las mujeres. Si un hombre decide trabajar como educador, llama la atención en consecuencia y rápidamente se sospecha que quiere abusar sexualmente de los niños. Debido al modelo de rol tradicional, a muchas personas les parece inusual que un hombre quiera trabajar con niños y educarlos, y lo acusan de pedofilia sin ninguna prueba. Por eso, en el pasado, a los hombres ni siquiera se les permitía cambiar pañales a los niños durante la formación. Y ello a pesar de que los educadores varones pueden actuar demostrablemente como modelos masculinos para los niños, están tan cualificados profesionalmente como las mujeres y ya hay escasez de mano de obra cualificada en el sector. Para mejorar la aceptación social, se están llevando a cabo campañas publicitarias, se está posibilitando el acceso lateral a la profesión y las educadoras de párvulos pueden trabajar en red en foros online.

También hay desventajas para los hombres en relación con el sistema escolar. Las chicas suelen estar mejor valoradas que los chicos porque suelen ser más calladas, quieren agradar a los profesores y tienen una letra más bonita. Los profesores suelen ser incapaces de tratar con alumnos púberes; la pubertad se manifiesta de forma diferente en los chicos que en las chicas y se entiende menos. Además, las chicas son más capaces de convencer a los profesores de que les suban las notas porque suelen llorar más a menudo.

Incluso en el derecho de familia, los hombres sufren discriminación con más frecuencia que las mujeres.

Hasta 2013, un padre que no estuviera casado con la madre del niño no podía obtener la custodia contra la voluntad de la madre. Pero éste no es el único punto de la ley que discriminaba a los hombres hasta hace poco: independientemente de que el servicio militar obligatorio sea ahora controvertido, hasta 2011 sólo existía la obligación legal de que todo ciudadano varón realizara el servicio militar.

Desde entonces, el servicio militar obligatorio se ha suspendido, pero no se ha abolido por completo. En caso de guerra, sólo los hombres tendrían que hacer el servicio militar, las mujeres no. Esto viola el principio de igualdad de trato del artículo 3 de la Ley Fundamental. No obstante, el Tribunal Constitucional Federal dictaminó que el servicio militar obligatorio no era inválido, ya que el legislador incluyó posteriormente en la ley el "servicio militar obligatorio para los hombres", creando así una ley especial que prevalecía sobre el artículo 3. Sin embargo, este razonamiento es cuestionable.

A menudo se argumenta que, por término medio, las mujeres se consideran menos aptas para el servicio militar que el hombre medio debido a diferencias fisiológicas y biológicas. Esto no es convincente, ya que en el Bundeswehr hay tareas más que suficientes que también pueden realizar personas físicamente más débiles, y habría que crear un criterio neutral en cuanto al género.

Al fin y al cabo, las mujeres también pueden ser más fuertes que los hombres, por lo que una generalización generalizada parece carecer de sentido. Otro argumento popular es que las mujeres sacrifican una cantidad similar de sus vidas pariendo y criando hijos o cuidando a familiares. Esto también es cuestionable, ya que las mujeres no están obligadas a dar a luz, cada vez nacen menos niños de todos modos y debería animarse a los hombres a participar en el trabajo de cuidados y en el permiso parental. Sin embargo, la normativa sigue caracterizándose por modelos tópicos.

Los estudios demuestran que a los hombres también les va mejor en un mundo de igualdad de derechos y de estatus. Muchos hombres ya actúan de forma feminista sin darse cuenta. Tal vez tú también hayas apoyado ya el feminismo, por ejemplo ayudando a una mujer que ha sufrido acoso sexual o queriendo dar a una mujer el mismo salario que a sus colegas masculinos tras su última entrevista de trabajo. Incluso si has cuestionado las imágenes comunes de género, has criticado a tus amigos por sus ideas sexistas o has dejado que tu hijo juegue con muñecas, ya has contribuido al

feminismo. Logramos más cuando nos unimos y lucha-
mos juntos contra la injusticia en el mundo, independientemente del género.

65

¿Qué puedo hacer por el feminismo?

Ahora ya sabes qué es el feminismo, las distintas corrientes de pensamiento, qué pretende y por qué es importante. Por desgracia, según el estudio Ipsos Global Advisor, sólo el 28% de las mujeres alemanas se consideran feministas y sólo uno de cada cinco hombres.

Esto sitúa a Alemania en el cuarto último lugar en comparación con otros 27 países. Sin embargo, todos deberíamos ver el feminismo como una oportunidad para abolir la discriminación por razón de sexo, con el fin de crear una sociedad sin esas diferencias. Puedes averiguar cómo convertirte en feminista siguiendo estos pasos.

1. ¡infórmate!

Intenta aprender todo lo que puedas sobre el feminismo y el sexismo y sobre cómo se manifiestan en nuestro mundo y lo cambian. Puedes leer libros sobre el tema, ver documentales y reportajes o escuchar podcasts y audiolibros. También puedes preguntar a tus amigos y conocidos y hablar sobre el tema. Esto te hará más consciente de la discriminación de cualquier tipo y podrás descubrir cómo tú también estás influenciado inconscientemente por modelos de conducta interiorizados. Éste es el primer paso para contrarrestar la discriminación.

2. ¡forma tu propia opinión y defiéndela!

Cuando hayas reunido suficiente información sobre el feminismo, podrás formarte una opinión informada y objetiva. Cuestiona tus opiniones previas y piensa por ti mismo, en lugar de aceptar opiniones preconcebidas y popularizadas, y toma tus propias decisiones. Piensa cuál es tu postura sobre un tema concreto y debátelo.

¡Tu opinión es importante y merece ser escuchada! Incluso si consigues convencer a un conocido, un familiar o un amigo de la importancia del feminismo, ya habrás hecho una valiosa contribución. También puedes ser activa e implicarte en política o participar en manifestaciones para expresar tu opinión.

3. ¡cuestionate a ti mismo!

Cuestionar tu propio pensamiento y comportamiento puede ser desagradable e incómodo. Puede que te des cuenta de que inconscientemente te has comportado de forma sexista. Tal vez sueles considerar que tu opinión es más importante que la de las mujeres, sueles hacer comentarios despectivos sobre ellas, utilizas insultos sexistas o tiendes al mansplaining, en el que sueles asumir que sabes más sobre un tema que tu homóloga femenina. Sin embargo, ¡darse cuenta es el primer paso para mejorar! Si te has dado cuenta de que has interiorizado inconscientemente modelos de conducta estereotipados o patrones de pensamiento discriminatorios, puedes actuar contra ello y mejorar en el futuro.

4. ¡reconócete como feminista!

El término feminista sigue teniendo connotaciones negativas y a menudo se equipara con el odio a los hombres. Demuestra que no es así reconociéndote feminista. De este modo, normalizas el término y contribuyes a eliminar la estigmatización. Al fin y al cabo, todos los géneros sufren las estructuras patriarcales, no sólo las mujeres.

5. ¡demuestra valor civil!

Hay muchas situaciones en las que tienes que mostrar valor y defenderte a ti misma o a otras personas. No dudes en salir de tu zona de confort y actuar contra el sexismo. Todos nos lo encontramos en la vida cotidiana, por ejemplo cuando a los hombres se les dice "¡Sé un hombre!" y a las mujeres se las insulta como "zorras" por llevar ropa corta.

O cuando se ordena a una mujer que levante acta o vaya a por café, aunque tenga la misma cualificación que sus colegas masculinos. Además, muchas mujeres sufren acoso sexual a diario, ya sea en el trabajo, en el tren o incluso entre amigas. Actúa contra ello y demuestra que no toleras ese comportamiento y que de ningún modo debe considerarse normal y aceptable. De este modo, puedes apoyar a todos los afectados por este comportamiento y fomentar un replanteamiento en tu entorno. Al fin y al cabo, no se trata de una batalla entre sexos, sino de la imagen moldeada socialmente en la sociedad.

6. ¡escucha a los afectados!

La mejor manera de comprender otras perspectivas es escuchar a los afectados que comparten sus experiencias de sexismo. Como persona no afectada, probablemente no te darás cuenta de muchas cosas y, en consecuencia, tendrás una mentalidad diferente. Basándote en las experiencias de otras personas, podrás desarrollar tu opinión y reaccionar con más sensibilidad ante la discriminación.

7. ¡comprométete con obras de mujeres!

Las mujeres siguen estando infrarrepresentadas en las industrias literaria, musical y cinematográfica. Sus obras se perciben como menos importantes y menos valiosas que las de los hombres, sin que haya pruebas que lo demuestren. Así que busca libros, películas, obras de arte o piezas musicales de mujeres y comprométete con ellas. Así conseguirás que las mujeres estén más presentes y visibles en tu pensamiento.

8 ¡Anima a tus hijos a pensar con neutralidad de género!

Los niños son moldeados por las influencias sociales desde una edad temprana. A los niños les gusta el azul, a las niñas el rosa. A los niños les gustan los superhéroes y juegan con coches, a las niñas les gustan las princesas y juegan con muñecas. Los niños se hacen médicos, las niñas enfermeras. Los niños pueden ser ruidosos y dominantes, las niñas calladas y reservadas. Estos son los típicos modelos de conducta que se siguen interiorizando y promoviendo.

Esta forma de pensar atraviesa toda la vida y es difícil de eliminar. También se refleja en tu comportamiento como adulto y puede tener desventajas considerables. Si tienes hijos, procura criarlos de forma no sexista para contrarrestar estas desventajas. ¡Utiliza tu función de modelo! Al hacerlo, te asegurarás de cuestionar críticamente los roles de género arraigados y podrás promover el desarrollo independiente y autodeterminado de tus hijos.